JN300339

ふれあいたっぷり！
赤ちゃんのわらべうたあそび

CD BOOK

久津摩 英子 著

チャイルド本社

もくじ

はじめに……………………………………4

0歳児の わらべうたあそび

1. にんどころ……………顔あそび　6
2. いない いない ばあ……顔あそび　8
3. でこちゃん はなちゃん…顔あそび　10
4. だんご だんご…………手あそび　12
5. ちっち ここへ…………手あそび　14
6. ふくすけさん……………手あそび　16
7. さるのこしかけ……ひざ乗せあそび　18
8. どんどんばし わたれ…ひざ乗せあそび　20
9. ととけっこー……………布あそび　22
10. いちり にり さんり……ふれあいあそび　24
11. そうめんや………………ふれあいあそび　26
12. ぼーず ぼーず…………ふれあいあそび　28

1歳児の わらべうたあそび

13. せんべ せんべ…………手あそび　30
14. ここは てっくび………手あそび　32
15. おてらのつねこさん……手あそび　34
16. いっすんぼうし…………手あそび　36
17. かれっこ やいて………手あそび　38
18. どっちん かっちん……ひざ乗せあそび　40
19. うまは としとし………ひざ乗せあそび　42
20. いもむし ごろごろ……しぐさあそび　44
21. どてかぼちゃ……………ふれあいあそび　45
22. おさらに たまごに……布あそび　46
23. ねずみねずみ……………布あそび　48
24. ぺったら ぺったん……お手玉あそび　50

座布団型のお手玉を作ってみよう！……52

2歳児の わらべうたあそび

- 25 こどもとこども …………… 手あそび 54
- 26 にほんばしこちょこちょ … 手あそび 56
- 27 げんこつやまのたぬきさん … 手あそび 58
- 28 おてらのおしょうさん …… 手あそび 60
- 29 いっぴきちゅう …………… 手あそび 62
- 30 どんぐりころちゃん … しぐさあそび 64

- 31 はやしのなかから …… しぐさあそび 66
- 32 なべなべそこぬけ …… しぐさあそび 68
- 33 さよなら あんころもち … ふたりあそび 70
- 34 ぎっこん ばったん …… ふたりあそび 72
- 35 おてぶしてぶし ………… 唱えことば 74
- 36 どっち どっち ………… 唱えことば 76

- 37 ねむれ ねむれ ねずみのこ … 子守歌 77
- 38 ねんねんねやま ………………… 子守歌 78

あそびのマークについて

この本では各曲に、その曲のメインとなる遊び方のマークを付けています。
子どもと遊ぶときの目安にしてください。

- 顔あそび
- しぐさあそび
- 唱えことば
- 手あそび
- 布あそび
- 子守歌
- ひざ乗せあそび
- お手玉あそび
- ふれあいあそび
- ふたりあそび

はじめに

　赤ちゃんは、人の声が大好きです。

　大好きなお母さんや、お父さん、保育者に、肉声で語りかけられたり、あやされたり、うたいながら体に触れてもらったりした、うれしい経験、楽しい経験をたくさん積み重ねて成長できたら、こんな幸せなことはありません。

　子育て支援事業が進み、長時間保育の場で過ごす赤ちゃんも増えました。赤ちゃんはどんなに文明や科学が進化しても、人が関わらなければ成長できません。ゆったりと落ち着いた環境のなかで、豊かな人間関係を経験しながらコミュニケーション力を培うことができるように、「人が大好き」「うたうことや遊ぶことが楽しい」という経験をたっぷりさせてあげましょう。

　わらべうたで遊ぶことは、言葉の獲得や、音楽リズムの体得、身体表現にもつながります。また、うたってあげたり、遊んであげることで大人も気持ちが明るく開放されて、楽しいという感情を赤ちゃんといっしょに感じることができ、親子のつながり、保育者と赤ちゃんのつながりも深められます。

　ふれあいたっぷりのわらべうた。まずは、大人が楽しんでみてください。そして、毎日の生活のなかで、赤ちゃんといっしょに繰り返し遊んでみてくださいね。

　　　　　　　　　　　　　久津摩英子

0歳児の
わらべうたあそび

にんどころ

CD 1

「にんどころ」は「似ているところ」の意味。
お父さん、お母さん、おじいちゃん、おばあちゃん……。かわいい赤ちゃん、誰に似てる？

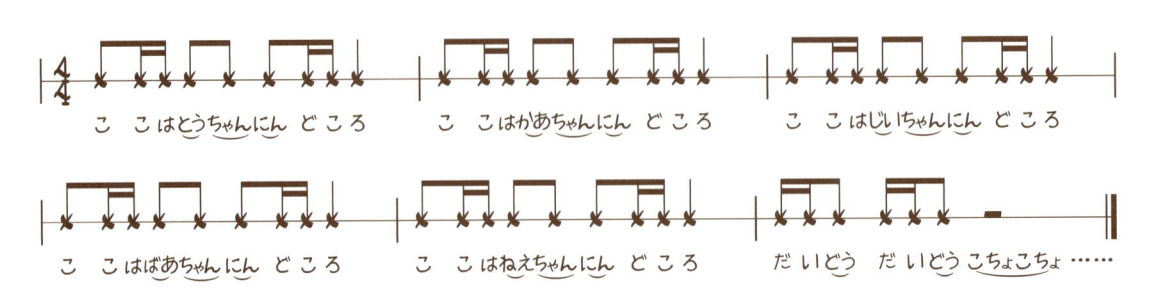

こ こ は とうちゃん にん どころ　　こ こ は かあちゃん にん どころ　　こ こ は じいちゃん にん どころ

こ こ は ばあちゃん にん どころ　　こ こ は ねえちゃん にん どころ　　だいどう だいどう こちょこちょ……

あそびかた
子どもを寝かせたり、だっこして遊びます。

1 ここは とうちゃん にんどころ

ひとさし指で、右頬を軽く4回つつく。

2 ここは かあちゃん にんどころ

左頬を軽く4回つつく。

3 ここは じいちゃん にんどころ

おでこを軽く4回つつく。

4 ここは ばあちゃん にんどころ

あごを軽く4回つつく。

5 ここは ねえちゃん にんどころ

鼻を軽く4回つつく。（「ねえちゃん」は「にいちゃん」でもよい）

6 だいどう だいどう

顔のまわりを2回なでる。

7 こちょ こちょ……

あごの下をくすぐる。

あそびのワンポイント

● 顔を触られるのをいやがる時期もあります。そんなときは、大人の顔を触るのを見せながらうたって遊んでみてください。

うたのエピソード

「だいどう」には、「大道＝人の踏み行うべき正しい道」や「大同＝大勢がひとつにまとまること」など諸説があります。

0歳児

いない いないばあ　CD2

「いない いない」は赤ちゃんをドキドキ、ワクワクさせる魔法の言葉。
「ばあ」では、とびっきりの笑顔を見せてあげましょう。

あそびかた

1 いない いない

両手で顔を隠す。

2 ばあ

両手を左右に開いて、「ばあ」の声とともに笑顔で子どもを見る。

あそびのワンポイント

いない いない…

- 「いない いない」から「ばあ」までのタイミングが、この遊びのポイント。赤ちゃんの期待が高まる時間です。少し長めにとるなど、タイミングを変えても楽しいですね。
- 繰り返し遊んで慣れてきたら「ばあ」の声色を変えたり、百面相をしても楽しめます。シンプルだけど楽しい、ずっと昔から遊ばれてきたわらべうたです。

あそびのアレンジ

月齢の大きい子には、カーテンやハンカチなどの布や、家具や物の後ろに隠れたりしても楽しいですよ。

0歳児

でこちゃん はなちゃん　CD3

顔を「つんつん」で、にっこり。「きしゃぽーぽ」で、うれしくってほっぺもポッ！
子どもたちは大きくなっても「でこちゃんやって！」と言ってきます。

で こ ちゃん　は な ちゃん　き しゃ ぽ ー ぽ

あそびかた
子どもを寝かせたり、だっこして遊びます。

1 でこちゃん
ひとさし指で、おでこを軽く2回つつく。

2 はなちゃん
鼻を軽く2回つつく。

3 きしゃ ぽー
両手のひとさし指で、頬に円を2回かく。

4 ぽ
頬を軽く押さえる。

あそびのアレンジ
遊びに慣れてきたら、「ぽーぽ」の部分を、「ぽーーーぽ」「ぽ〜〜〜ぽ」「ぽっぽ」など、いろいろアレンジして遊んでみましょう。いつもとちょっと違うテンポに、赤ちゃんの気持ちも盛り上がります。

0歳児

あそびのワンポイント
- 月齢の小さい赤ちゃんは、寝かせた状態で顔をのぞき込むようにして遊びましょう。首が据わったら、だっこして遊んでもいいですね。
- 赤ちゃんの表情を見ながら、ゆっくりとしたテンポでうたいましょう。

だんご だんご

CD 4

赤ちゃんのまあるいおてて、おだんごみたい。
柔らかくって、おいしそうで、食べちゃいたい！

だん ご だん ご だ～ん ご

あそびかた

ひざの上に子どもを向こう向きに乗せて、後ろから子どもの手を持って遊びます。

1 だんご だんご だーん

丸めた手を上下に動かす。

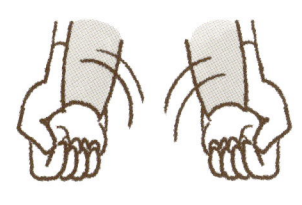

2 ご

丸めた手を「ご」でひっくり返す。

3 だんご だんご だーん ご

手を元に戻して繰り返す。何度か繰り返して、「おだんごできたかな、食べてみようかな」と手を口元に当てて食べるしぐさをする。

あそびのワンポイント

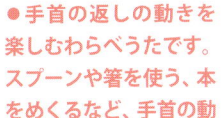

- 手首の返しの動きを楽しむわらべうたです。スプーンや箸を使う、本をめくるなど、手首の動きは子どもの発達に欠かせない大切な動き。この遊びを通して、手首を柔らかくしてあげてください。

- まだ手首が固いな、少し前にくらべてずいぶん柔らかくなったな、など、遊びながら赤ちゃんの状態や成長の新たな発見があります。

- 月齢が大きくなったら、向かい合って座って遊んでも楽しいですよ。

うたのエピソード

「だんご」という言葉の響きが子どもは大好きです。赤ちゃんのときにいっしょにうたって遊んだ子どもが、どろだんごを丸めながら「だんごだんご……」とうたうのを耳にしたことがあります。いくつになっても楽しいわらべうたです。

だんご だんご

0歳児

ちっち ここへ

CD 5

鳥さん、ここにとーまれ！　あれれ、どこ行くの〜？
「パタパタパタ〜」と鳥が飛んでいくしぐさに、子どもたちはくぎづけです。

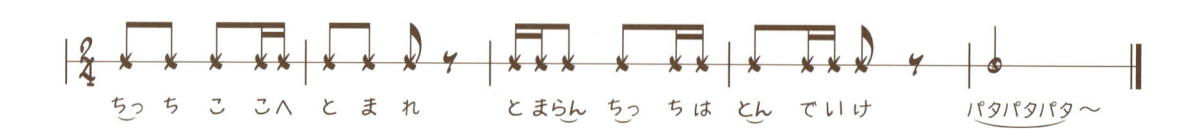

ちっち ここへ とまれ　とまらん ちっちは とん でいけ　パタパタパタ〜

あそびかた

ひざの上に子どもを向こう向きに乗せて、後ろから子どもの手を持って遊びます。

1 ちっち ここへ とまれ とまらん ちっちは とんでいけ

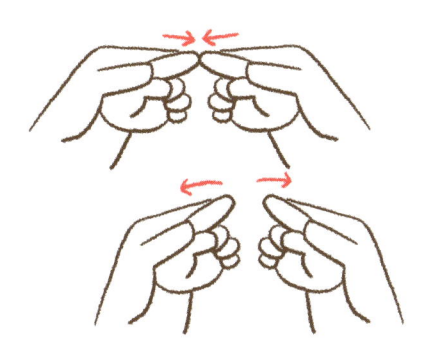

両手のひとさし指をつけて、離す。これを繰り返す。

2 パタパタパタ〜

鳥が飛んでいるように、ひとさし指を曲げ伸ばししながら上に向かって動かし、指先を目で追う。

あそびのワンポイント

- 「パタパタパタ〜」の部分では、鳥が飛んでいく方向に目をやりながら指を動かしましょう。小さい子ほど、その動きを目で追おうとします。この動きが子どもたちは大好きです。

- 赤ちゃんにとって目と手の協応動作は難しく、指と指をくっつけるのは至難の業。でも、繰り返し遊んでいくことで、成長とともに徐々にできるようになってきます。指の器用さにもつながる遊びです。

- 月齢が大きくなったら、向かい合って座って遊んでも楽しいですよ。

うたのエピソード

「ちっち」は鳥を表す幼児語です。

あそびのアレンジ

- 歩けるようになる1歳頃からは、鳥のしぐさをまねる遊びも楽しめます。両手を広げて鳥のまねをして歩き、「パタパタパタ〜」のあと、「○○ちゃんのところに止まった！」とタッチします。

- 鳥などの人形を持って、揺らしながら唱えるのも楽しいです。

0歳児

ふくすけさん

CD 6

お豆さんのような、赤ちゃんのかわいい指をやさしく触る遊び歌。
お風呂の中で遊んでも楽し〜い！

ふくすけさん　えんどうまめがこげる
よ　はやくいってかんましな

あそびかた

ひざの上に子どもを向こう向きに乗せて、後ろから子どもの手を持って遊びます。

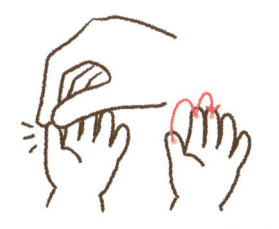

1 ふくすけさん

左手を広げ、親指、ひとさし指、中指の順に指の先をつまむ。

2 えんどうまめが

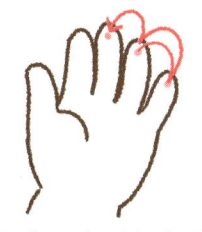

くすり指、小指、くすり指、中指の順に指の先をつまむ。

3 こげるよ

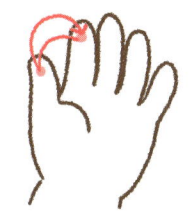

ひとさし指、親指、ひとさし指の順に指の先をつまむ。

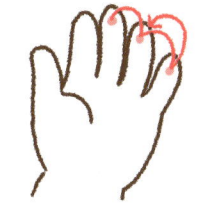

4 はやく いって

中指、くすり指、小指、くすり指の順に指の先をつまむ。

5 かんましな

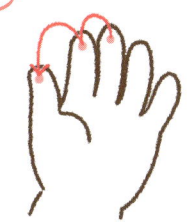

中指、ひとさし指、親指の順に指の先をつまむ。右手も同様に繰り返す。このあと「まぜまぜまぜ」ととなえながら、手のひらを指で混ぜるようにぐるぐるすると子どもがとても喜ぶ。

あそびのワンポイント

● 指にはたくさんの神経が集まっています。遊びながら指をマッサージして、血流をよくしてあげましょう。

● 手はもちろん、足の指を触って遊ぶのもおすすめです。このとき大切なのは、両手、両足で遊んであげること。右手を刺激すると左脳が、左手を刺激すると右脳が刺激され、発達を促します。

うたのエピソード

「かんましな」の「かんます」は「かき回す・かき混ぜる」を意味する方言。「豆がこげないように、急いで行ってかき混ぜて!」という、歌詞もかわいらしい歌です。

0歳児

さるのこしかけ

CD 7

子どもは大人のひざの上が大好き！
ゆったりとしたテンポに合わせて、いっぱいふれあって遊んでみましょう。

さる の こしかけ めたかけ ろ　めたかけ ろ　どっしーん

あそびかた　足を伸ばして座り、子どもをひざに乗せて遊びます。

1 さるのこしかけ
　　めたかけろ　めたかけろ

歌に合わせて、ゆっくりとひざを上下に動かす。

2 どっしーん

足を開いて、「どっしーん」と子どもを床に落とす。

あそびのワンポイント

● ゆったりとしたテンポが心地よいわらべうたです。子どもの顔を見ながら、歌に合わせてゆっくり体を揺らしてあげましょう。

● 月齢の低い赤ちゃんと遊ぶときは、背中をしっかり支えて遊びましょう。また、椅子に座って遊ぶときは、背もたれのある椅子を使うと、腰やひざへの負担が軽減されます。

あそびのアレンジ

□ 大きくなったら、複数の子どもを足に乗せて遊んでも楽しいです。

うたのエピソード

「さるのこしかけ」とは、堅くて丈夫なきのこの一種。「めたかけろ」の「めた」は「たびたび・むやみに」という意味の方言で、「どんどん座ろう」という意味です。

0歳児

どんどんばし わたれ　CD 8

伸ばした足を橋に見立てて、赤ちゃんを渡らせてみましょう。
早くしないと、こんこにつかまっちゃうよ〜。

どんどんばし わたれ　さあ わたれ
こんこ が でる ぞ　さあ わたれ

あそびかた
足を伸ばして座り、子どもの両脇を支えて遠くに座らせて遊びます。

1 どんどんばし　わたれ　さあ　わたれ
こんこが　でるぞ　さあ　わた

歌に合わせて、子どもを抱き上げて体の方へ少しずつ近づけてくる。

2 れ

歌が終わったら、「こんこにつかまらなくてよかったね」などと言いながら、子どもをぎゅっと抱きしめる。

0歳児

あそびのアレンジ
■ 大きくなったら、1列になって橋をくぐる遊びも楽しめます。

1 どんどんばし…さあわた

大人とおにになった子が、手をつないで高く上げて橋を作り、子どもたちがその橋をくぐっていく。

2 れ

橋を下ろして、橋にかかった子がおにを交替して橋を作る。これを繰り返す。

うたのエピソード
「どんどんばし」は、踏むとドンドンと音がする橋のこと、「こんこ」はきつねのことです。

♬ ととけっこー

布から顔が見えそうで……見えないのが、またまた楽しい！
朝やみんなが集まるときにぴったりの唱え歌です。

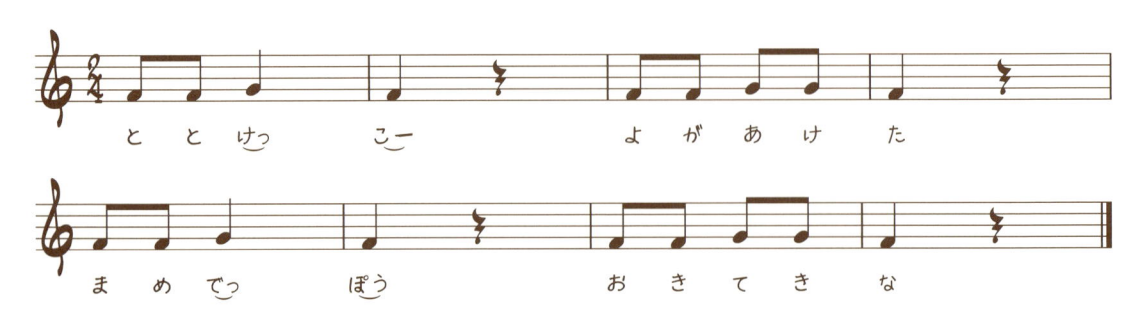

とと けっ こー　　よ が あ け た
まめ で っ ぽう　　お き て き な

あそびかた　布を使って遊びます。

1 ととけっこー よが　あけた
顔を布で隠したり見せたりする。

2 まめでっぽう おきてきな
顔が見えない程度に布を左右に揺らす。

3 「おはよう」
歌が終わったら、「おはよう」と言いながら顔を見せる。このとき、布をふわっと投げても楽しい。

あそびのワンポイント

「お名前なあに？」「ゆうくん！」

● お集まりの導入にもぴったり。ゆったりうたったあとに、「お名前なあに？」「きょうは◯◯な服を着ているね」「朝ごはんはなにを食べてきた？」など、いろいろな言葉を続けながら繰り返しうたってみましょう。子どもたちのなかに落ち着いた雰囲気が生まれます。

うたのエピソード
「とと」は鳥を表す幼児語です。

あそびのアレンジ

■ 人形を持って左右に揺らしながらうたい、歌が終わったら「おはよう」とあいさつをします。人形を介して子どもたちとのやりとりもでき、楽しいですよ。

0歳児

いちり にり さんり

CD 10

「いちり…にり…さんり…」で、ドッキドキ。「しりしり……」で、くすぐった〜い！
おむつ替えや着替えのとき、お風呂上がりなどにもおすすめの遊びです。

あそびかた　子どもを寝かせて遊びます。

1 いちり 
足首を上から軽くにぎって揺らす。

2 にり 
両ひざを軽くにぎって揺らす。

3 さんり 
足の付け根を軽くにぎって揺らす。

4 しりしりしりしり 
お尻をくすぐる。
（脇の下をくすぐってもよい）
＊いちり・にり・さんりは昔の数え方で、しり（4里）と尻をかけている。

あそびのアレンジ
■ 向かい合って座り、腕で遊んでみましょう。

1 いちり 
手首を軽くにぎって揺らす。

2 にり 
両ひじを軽くにぎって揺らす。

3 さんり 
肩の下辺りを軽く揺する。

4 しりしり しりしり 
あごの下をくすぐる。

あそびのワンポイント

● 子どもはくすぐり遊びが大好き！　体に触られる楽しさと、こちょこちょのおもしろさ。気持ちよい感覚といっしょに響く心地よい言葉のリズムが、すーっと体に入って記憶されます。

0歳児

そうめんや

CD 11

つるつるそうめん、おいしいよ。
「とんじまえ〜」のユニークな歌詞と、くすぐり遊びも楽しいわらべうたです。

そう めん や そう めん や　お し た じ
　　　　　　　　　　　　　　　　お か ら み

つ け て　　とおくのほうへ　　とんじまえ〜
つ け て

あそびかた

だっこしたり、向かい合って遊びます。

1 そうめんや そうめんや
腕や体を上から下に向かって、指を動かしながら2回なでる。

2 おしたじ つけて
腕や体を軽く4回押す。

3 おからみ つけて
指を丸めて、軽く4回つつく。

4 とおくのほうへ
指を下から上へのぼるように動かす。

5 とんじまえ～
脇の下をくすぐる。

0歳児

あそびのアレンジ

■ 2歳からは、1列に並んでみんなで遊ぶこともできます。歌に合わせて、前の人の背中や脇腹を触ったり、さすったりして遊びます。

うたのエピソード

「おしたじ（御下地）」とは出し汁や醤油のこと、「おからみ（御辛味）」とは、大根おろしのことです。

ぼーず ぼーず

CD 12

かわいいけど、ちょっとふざけて「ぺしょん！」しちゃいます。
子どもへの愛情と、子育てをする大人の気持ちがよく表れたわらべうたです。

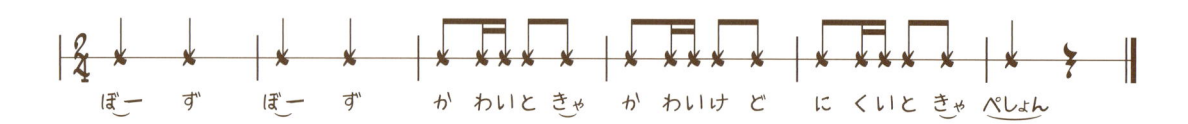

ぼー ず ぼー ず か わ い と きゃ か わ い け ど に く い と きゃ ぺしょん

あそびかた
子どもを寝かせて遊びます。

1 ぼーず ぼーず かわいときゃ かわいけど にくいときゃ 
両足のひざ小僧を、歌に合わせてゆっくり触る。

2 ぺしょん 
ひざ小僧を軽く払う。

あそびのアレンジ
「ぼーず…にくいときゃ」で歌に合わせてひざを軽くたたき、「ぺしょん」で両ひざをくっつける遊びにアレンジしても楽しいです。

1歳児の
わらべうたあそび

せんべ せんべ

CD 13

おせんべ、おいしそうに焼けたかな？　まだかな？
食べるしぐさで笑顔がこぼれます。

せんべせんべ　やけた　どのせんべ　やけた　このせんべ　やけた

あそびかた

ひざの上に子どもを向こう向きに乗せて、後ろから子どもの手の甲を上にして持って遊びます。

1 せんべ せんべ やけた どのせんべ やけた

歌に合わせて手を上下に揺らす。

2 このせんべ やけた

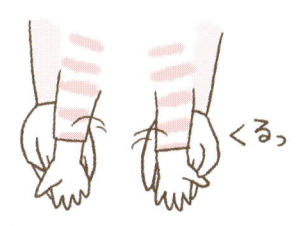

子どもの手をひっくり返し、上下に揺らす。「○○ちゃんせんべやけた」とうたうのも楽しい。

3

歌のあとに、「焼けたかどうだか食べてみよう」と手を口元に当てて食べるしぐさをする。

1歳児

あそびのアレンジ

■ 1人でできるようになったら、両手を前に出して歌に合わせて上下に揺らし、基本の遊び方と同じように手をひっくり返したり戻したりします。

■ 子どもが複数の場合は、丸くなって座って大人が輪の中に入り、歌に合わせて子どもの手の甲を順番に触っていきます。最後の「た」に当たった子の手を包むようにして「○○ちゃんせんべやけた」とうたいながら手をとり、上へ上げましょう。

ここは てっくび

CD 14

「ありゃりゃに こりゃりゃ」の歌詞がおもしろい！
手はもちろん、「ここはあしくび」にして足でも楽しめる遊びです。

ここは てっくび てのひら
ありゃりゃに こりゃりゃ せいたかぼうずに いしゃぼうず
おさけ わかしの かんたろさん

あそびかた

ひざの上に子どもを向こう向きに乗せて、後ろから子どもの手を持って遊びます。

1 ここは てっくび
子どもの手首を軽くにぎる。

2 てのひら
手のひらに触る。

3 ありゃりゃに
親指をつまむ。

4 こりゃりゃ
ひとさし指をつまむ。

5 せいたかぼうずに
中指をつまむ。

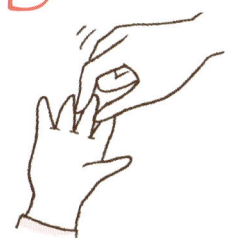

6 いしゃぼうず
くすり指をつまむ。

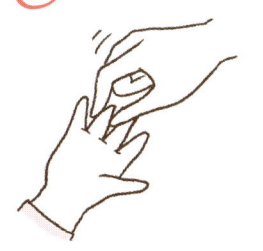

7 おさけわかしの かんたろさん
小指をつまんで揺らす。

1歳児

うたのエピソード
「かんたろ」は「燗太郎」のことで、酒の燗具合を小指ではかるところからきています。子どもたちにはなじみのない言葉ですが、それゆえのおもしろさや、自然と口から出てくるようなやさしい響きがありますね。

あそびのアレンジ
大人と子どもが向かい合って遊ぶこともできます。

おてらのつねこさん　CD 15

みんな大好きくすぐり遊び。
「かいだんのぼって……」でドキドキは最高潮に！

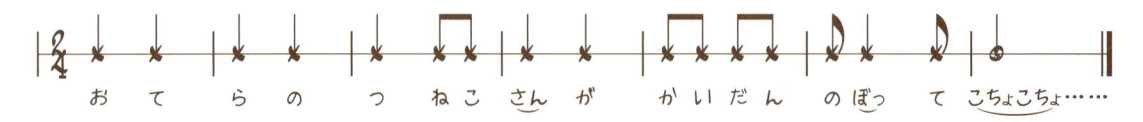

おてらの　つねこさんが　かいだん　のぼって　こちょこちょ……

あそびかた

子どもと向かい合って座って遊びます。

1 おてらの
子どもの手の甲をなでる。

2 つねこさんが
手の甲を軽くつねる。

3 かいだん のぼって
ひとさし指と中指を、下から上へのぼるように動かす。

4 こちょこちょ……
肩までのぼったら、脇の下をくすぐる。

うたのエピソード

遊びの中に「つねる」という動作があります。軽くつねる痛みもまた、心地よい刺激になります。
時に、つねることに抵抗を感じるという声も聞かれますが、「つねられると痛い」「つねられるのはいやなことだ」と、この遊びを通じて伝えたいという思いが込められているのではないでしょうか。

1歳児

あそびのワンポイント

● 「かいだんのぼって」のところでは、頭の上や背中など、体のいろいろなところをのぼってみましょう。こちょこちょまでの時間を長くとると、子どものドキドキ感が一気にアップします。

（くるぞくるぞ…／かいだんのぼって…／キャキャッ／こちょこちょ〜）

いっすんぼうし

CD 16

こちょこちょしたり、たたいたり、さすったり……。
いろんな刺激や、「おしまい」の響きが子どもは大好きです。

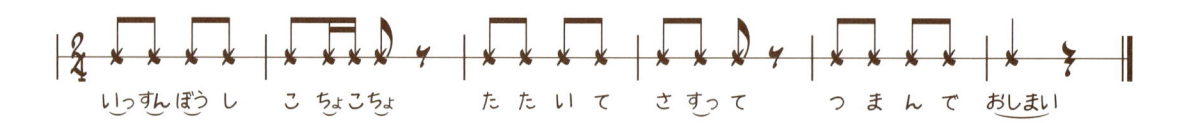

いっすんぼうし　こちょこちょ　たたいて　さすって　つまんで　おしまい

あそびかた

ひざの上に子どもを向こう向きに乗せて、後ろから子どもの手の甲を上にして持って遊びます。

1 いっすんぼうし
手の甲をひとさし指で触る。

2 こちょこちょ
手の甲をひとさし指と中指でくすぐる。

3 たたいて
手の甲を軽くたたく。

4 さすって
手の甲をさする。

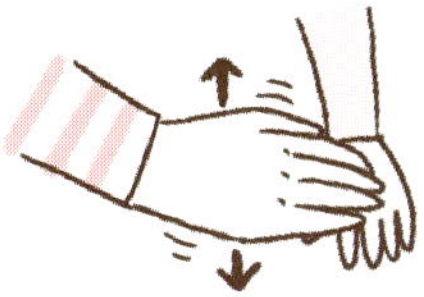

5 つまんで
手の甲を指で軽くつまむ。

6 おしまい
手の甲を軽くポーンとたたく。

1歳児

あそびのワンポイント

- くすぐる、たたく、さする、つまむなど、いろいろな手への刺激が、子どもの感覚の発達を助けます。

- 最後の「おしまい」のフレーズは、ポーンと手を軽くたたく動作と合わさって、子どもたちは大好きです。

おしまーい！

かれっこ やいて

CD 17

子どもの手を魚のかれいに見立てた遊びです。
「うまかろう」で、ほっぺが落ちちゃう〜。

かれっこ やいて とっくらきゃ して やいて
しょうゆー つけて たべたら うまかろうー

あそびかた

初めは子どもの手を持って遊び、慣れてきたら子どもと向かい合って遊びます。

1 かれっこ やいて
両手の甲を上にして前に出し、上下に軽く4回揺らす。

2 とっくらきゃして やいて
手をひっくり返して、上下に軽く4回揺らす。

3 しょうゆ つけて
手の甲にしょうゆをつけるしぐさをする。

4 たべたら
手を口元に当てて食べるしぐさをする。

5 うまかろう
「おいしい!」という表情で、両手で頬を触る。

あそびのワンポイント
● かれいが泳いでいるように、手をゆらゆらと揺らすと雰囲気が出て楽しいですよ。

うたのエピソード
「かれっこ」は魚のかれい、「とっくらきゃして」は「ひっくり返して」の意味。寒い地方で、火鉢やいろりに手をかざして暖をとるときに遊ばれた遊びです。

あそびのアレンジ
□ うたい方や遊び方に慣れてきたら、「今度はなにを焼こうかな?」と子どもたちに聞いて、焼くものとつけるものを考えて遊んでみましょう。お餅にあんこ、おにぎりに味噌、おいもにバターなどの他に、プリンやいちごなど、子どもの知っている好きな食べ物がつぎつぎに出てきて楽しいですよ。

どっちん かっちん

CD 18

「どっちん」「かっちん」の響きとリズムがおもしろい!
親子遊びにもぴったりの遊びです。

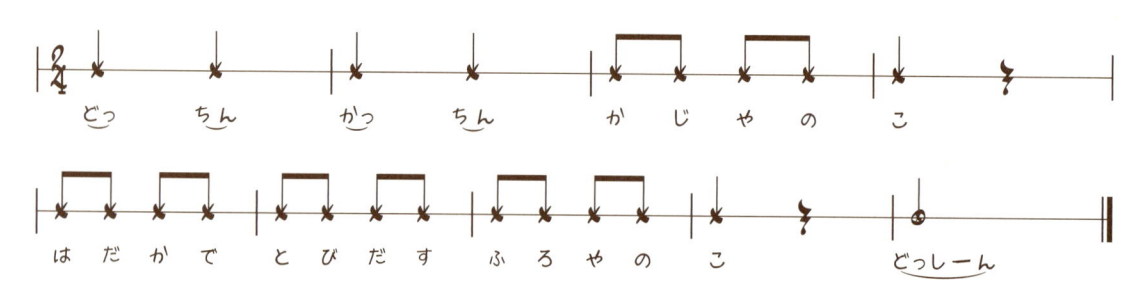

どっ ちん かっ ちん かじゃ の こ
はだかで とびだす ふろやの こ どっしーん

あそびかた
足を伸ばして座り、子どもをひざに乗せて遊びます。

1 どっちん　かっちん　かじやのこ
　　はだかで　とびだす　ふろやのこ

子どもの脇の下をしっかり支え、歌に合わせてリズミカルにひざを上下に動かす。

2 どっしーん

足を開いて、「どっしーん」と子どもを床に落とす。

1歳児

あそびのワンポイント

● 3回くらい繰り返しうたってから「どっしーん」と床に落としてみましょう。

● 大きくなったら複数の子どもを足に乗せて遊んでみましょう。両腕で床を支えて、ひざを上下に動かして遊びます。

あそびのアレンジ

■ とてもおもしろい歌詞なので、言葉遊びとしても楽しめます。人形を歌に合わせて動かして見せるのもいいですね。

■ しぐさ遊びとしても楽しめる歌です。両手をにぎって肩に乗せ、両足で床を踏みしめて相撲のしこを踏むようにして歩きます。手と足は、右手右足、左手左足を同時に動かします。

うまは としとし

お馬さんに乗った気分で、ぱかっぱかっ。
思いがけず、すとんと落ちてしまうのが、これまた楽しい！

CD 19

うまは としとし ないて もつよい うまは
つよいから のりてさんも つよい ぱかっぱかっ どっしーん

あそびかた
子どもをひざの上に乗せて遊びます。

1 うまは　としとし　ないても　つよい
　　うまは　つよいから
　　　のりてさんも　つよい

子どもをひざに乗せ、馬に乗っているようにひざを上下に動かす。

2 ぱかっ　ぱかっ　どっしーん

何度か繰り返しうたって、最後の「ぱかっ」で足を開いて、「どっしーん」と子どもを床に落とす。

1歳児

あそびのワンポイント
●子どもの姿勢が安定するまでは脇の下をしっかり支えて、安定してきたら手をつないで遊びます。

あそびのアレンジ
□「のりてさん」の部分を「○○ちゃん」など子どもの名前に変えて遊んでみましょう。

□子どもをおんぶして、ギャロップステップをしてみましょう。「ぱかっ」のところではジャンプします。親子遊びにぴったりです。

うたのエピソード
「としとし」は「疾し疾し」で、「速い・迅速」という意味。馬が「トコトコ」と走る擬音語にもかかっています。

いもむし ごろごろ

CD 20

くねくね、ごろんごろん……。シンプルだけどとっても楽しい！
いもむしごっこのはじまりはじまり〜。

いもむし　ごろごろ　ひょうたん　ぽっくりこ

あそびかた

横になって遊びます。

1 いもむし　ごろごろ
ひょうたん　ぽっくりこ

寝転んで、歌に合わせてごろごろと転がる。

あそびのアレンジ

■ 0歳児の赤ちゃんは、寝かせたまま体を左右に揺らして遊びます。月齢の小さい赤ちゃんにとっては、寝返りにつながる動きです。おむつ替えのときなどにもぴったり！

■ 大きくなったら、1列につながってよちよち歩いて遊びます。移動のときなど、「いもむしごろごろで行くよ」と声をかけると、子どもの気持ちも盛り上がりますよ。

どてかぼちゃ

CD 21

ぎゅっと抱きしめたり、今度はぎゅーーっと強く抱きしめたり。
変化をつけて楽しめるふれあい遊びです。

1歳児

おらうちの　どてかぼちゃ
ひにやけて　くわれない

あそびかた
子どもと向かい合って手をつないで遊びます。

1 おらうちの　どてかぼちゃ
　　ひにやけて　くわれない

歌に合わせて手を揺らします。

2 歌が終わったら、子どもをぎゅっと抱きしめる。

あそびのアレンジ
子どもと向かい合って座り、ボールをかぼちゃに見立てて、ごろごろ転がして遊んでも楽しいですよ。

それっ

おさらに たまごに

CD 22

手の中に隠れているものはな〜んだ？
なにが出てくるのか、子どもたちは興味津々！

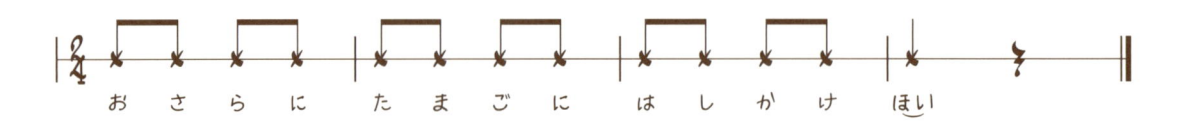

おさらに たまごに はしかけ ほい

あそびかた
布やお手玉などを使って遊びます。

1 おさらに　たまごに　はしかけ

丸めた布やお手玉などを両手で包んで隠し、手を返しながら揺らす。

2 ほい

両手をパッと開いて、手の中の物を見せる。

あそびのワンポイント

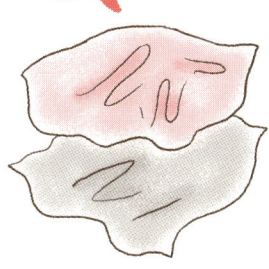

● 布は、薄くてふわっと広がる、シフォン地のような布がおすすめです。

1歳児

あそびのアレンジ

■「ほい」で手の中の物をすばやく片方の手に握り、「どっちだ？」とあてっこ遊びをしても楽しいですよ。

■ おやつなど、子どもになにかを配るときの唱え歌にもぴったり！「ほい、○○ちゃんどうぞ」と順番にもらえるのを、子どもたちはとっても喜びます。

■ じゃんけん歌としても楽しめます。「おさら」は「紙＝パー」、「たまご」は「石＝グー」、「はしかけ」は「はさみ＝チョキ」で、「ほい」でじゃんけんをします。

ねずみねずみ

CD 23

ハンカチのかわいいねずみさんがこんにちは！
子どもたちを注目させたいときにおすすめのわらべうた。

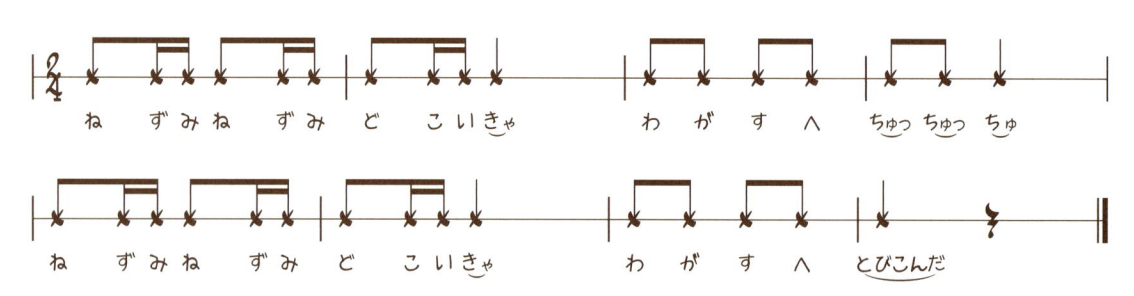

ねずみねずみ ど こいきゃ わがすへ ちゅっちゅっちゅ
ねずみねずみ ど こいきゃ わがすへ とびこんだ

あそびかた　ハンカチでねずみを作って遊びます。

1
ねずみねずみ　どこいきゃ
わがすへ　ちゅっちゅっちゅ
ねずみねずみ　どこいきゃ
わがすへ　とびこんだ

歌に合わせて、ハンカチで作ったねずみを動かす。

あそびのアレンジ

くすぐり遊びとしても楽しめる歌です。「ねずみ…わがすへ」でひとさし指と中指で子どもの腕をのぼるように動かし、「とびこんだ」で脇の下をくすぐります。

あそびのワンポイント

● ハンカチねずみを作ってみよう！

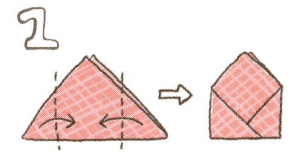

1 ハンカチを三角に折り、両端を内側に折る。

2 底の部分を2回折り、裏返す。

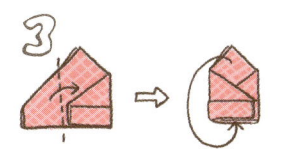

3 両側を3分の1ずつ内側へ折り、三角の部分を底の穴へ差し込む。

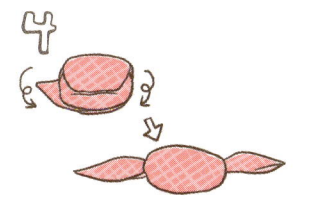

4 巻き込みながら回すと、自然にハンカチの両端が左右に出てくる。

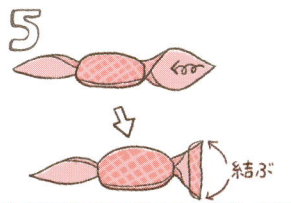

5 片方を開いてくるくると巻き、両端を結べばできあがり。

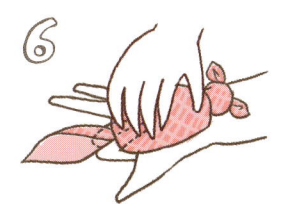

6 尻尾の付け根にひとさし指と中指をかけて動かし、もう一方の手を上にかぶせます。

1歳児

ぺったら ぺったん

CD 24

お手玉のお餅で、ぺったんぺったんお餅つき。
お手玉のじゃっじゃっという音も心地よい唱え歌です。

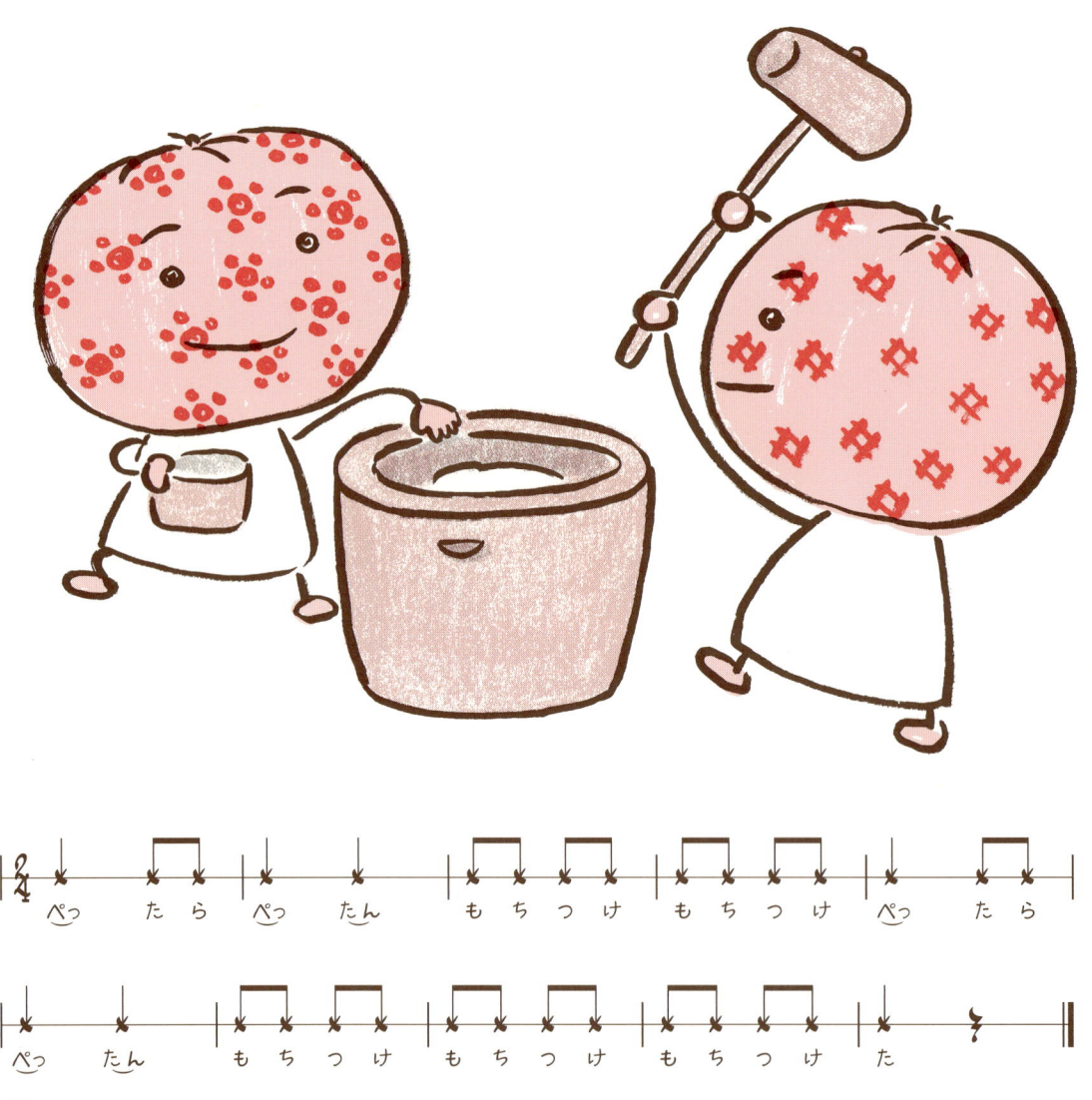

ぺっ たら ぺっ たん もち つけ もち つけ ぺっ たら
ぺっ たん もち つけ もち つけ もち つけ た

あそびかた
手のひらにお手玉をのせて遊びます。

1 ぺったら　ぺったん　もちつけ
もちつけ　ぺったら　ぺったん
もちつけ　もちつけ　もちつけた

歌に合わせてお手玉をたたく。

2 はい
かみだなへ

お手玉を頭の上にのせる。

3 ことしも　おこめが
いっぱい
とれますように
おねがいします

手を合わせて唱える。歌のあとにおじぎをして頭にのせたお手玉を落とし、両手でキャッチする。

4
ぺったら　ぺったん
もちつけ　もちつけ
ぺったら　ぺったん
もちつけ　もちつけ
もちつけた

1を繰り返す。

5 はい　とだなへ

お手玉を肩にのせる。

6 となりの　ねずみが
ひいてった

「た」でお手玉を手のひらに戻す。

7
ぺったら　ぺったん
もちつけ　もちつけ
ぺったら　ぺったん
もちつけ　もちつけ
もちつけた

1を繰り返す。

8 はい　おとなりへ

お手玉を隣の人の肩にのせる。

9 となりのひとに
おすそわけ

「おすそわけ」で隣の人を見ながらおじぎをする。

1歳児

> **あそびのワンポイント**

座布団型のお手玉を作ってみよう！

お手玉は、手のひらに置いたときに安定感のある「座布団型」がおすすめ。中にあずきを入れると、心地よい音と適度な重みが得られます。

座布団型のお手玉の作り方

1 
4.5cm / 9cm
柄違いの布を2枚ずつ用意する。

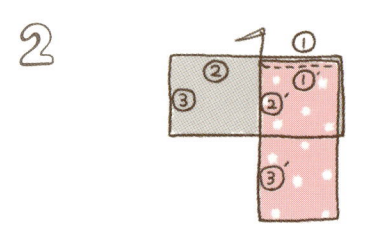

2
柄の違う布2枚を中表にL字型に重ね、①と①′、②と②′、③と③′を縫う。このとき、糸を切らずに続けて縫い合わせ、角の部分を半返し縫いすると仕上がりがきれいになる。

3 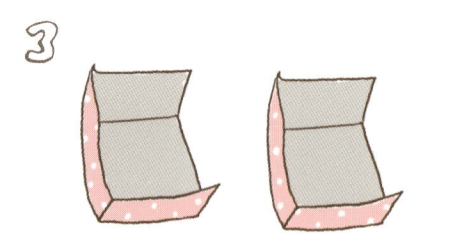
残り2枚も同様に縫い合わせ、同じ形のものを2つ作る。

4 
図のように折り、柄が互い違いになるように置いて、糸を切らないように順番に縫い合わせていく。このとき、あずきを入れるための一辺を残しておくのを忘れずに。

5 
縫い合わせたら、残した一辺から表に返し、あずきを入れる。

6 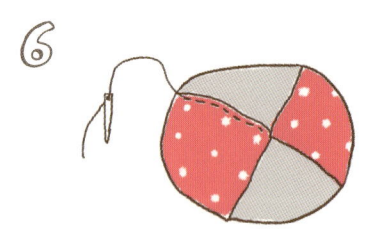
口を縫いとじたらできあがり。糸がほどけてあずきがこぼれないようにしっかりと縫い合わせる。

> **ポイント** 縫い目がゆるく、あずきがこぼれてしまうと赤ちゃんの誤飲につながります。糸がほどけないようにしっかり縫い合わせましょう。

2歳児の
わらべうたあそび

こどもとこども

CD 25

指をくっつけたり、交差させたり、曲げたり。
ちょっと難しいけど、その分できたときはとってもうれしい！

こどもと こどもが けんかして くすりや
さんが とめたけど なかなか なかなか とまらな
い ひとたちゃ わらう おやたちゃ おこる ぷん ぷん

あそびかた

1 こどもと こどもが
小指の先を4回くっつける。

2 けんかして
小指を交差させる。

3 くすりやさんが とめたけど
くすり指の先を7回くっつける。

4 なかなか なかなか とまらない
中指の先を7回くっつける。

5 ひとたちゃ
ひとさし指の先を4回くっつける。

6 わらう
ひとさし指を向かい合わせて、指先を3回曲げる。

7 おやたちゃ おこる
親指の先を7回くっつける。

8 ぷん ぷん
両手の親指を立てて外側に2回そらせ、怒った表情をする。

あそびのワンポイント

● 指を1本ずつ立てるのが難しい場合は、手を開いたままで指先をくっつけて遊びます。指の動きの発達が促される遊びです。

2歳児

にほんばしこちょこちょ

CD 26

「かいだんのぼって いいですか？」「いいよ」でこちょこちょ〜。
たたいたり、つねったり……。いろんな刺激が楽しい！

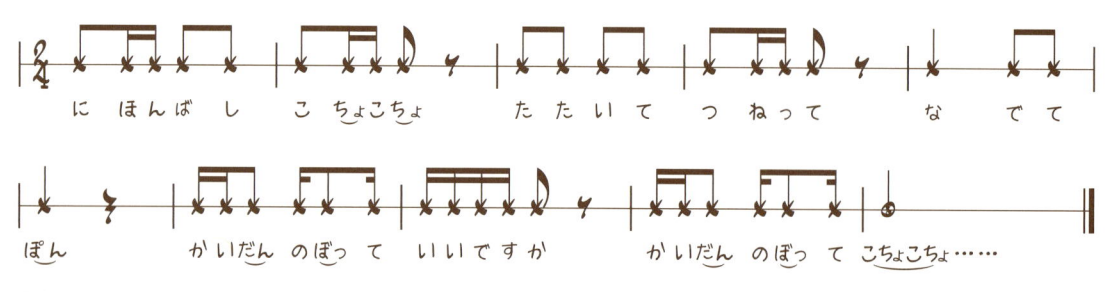

に ほんばし こちょこちょ たたいて つねって なでて
ぽん かいだん のぼって いいですか かいだん のぼって こちょこちょ……

あそびかた
子どもの片手の甲を上にして持って遊びます。

1 にほんばし
子どもの手の甲を、ひとさし指と中指で軽くたたく。

2 こちょこちょ
同じ2本の指でくすぐる。

3 たたいて
同じ2本の指で軽くたたく。

4 つねって
手の甲を軽くつまむ。

5 なでて ぽん
ひとさし指と中指で2回なでて、「ぽん」で軽く1回たたく。

6 かいだん のぼって いいですか
同じ2本の指で、腕をのぼるように動かしながら聞く。子どもが「だめ」と言ったら、もう一度聞く。

7 かいだん のぼって
6で子どもが「いいよ」と言ったら、同じ2本の指で、肩の方へ向かって腕をのぼるように動かす。

8 こちょこちょ……
脇の下をくすぐる。

2歳児

あそびのワンポイント
●子どもと向かい合って遊ぶ遊びで、親子遊びにもぴったり。子どもは「だめ〜」と言って繰り返して遊ぶのが大好きです。

げんこつやまのたぬきさん CD 27

昔から遊ばれてきた、おなじみのわらべうた。
赤ちゃんの日常がそのまま遊びになっています。

せっ せっ せー の よい よい よい　げん こつ やまの　た ぬき さん
おっ ぱい のん で　ねん ね して　だっこ して おんぶ して また あ した

あそびかた

2人で向かい合って、手をつないで遊びます。

1 せっせっせーの
リズムに合わせて、手を上下に3回振る。

2 よい よい よい
手を交差させて、上下に3回振る。

3 げんこつやまのたぬきさん
両手をグーにして、上下を替えながら7回たたく。

4 おっぱい のんで
両手を口元に持っていき、おっぱいを飲むしぐさをする。

5 ねんねして
両手を合わせて、左右1回ずつ頬につけて寝るしぐさをする。

6 だっこして
両手を交差して、だっこするしぐさをする。

7 おんぶして
両手を後ろに回して、おんぶするしぐさをする。

8 またあし
両手をグーにして、胸の前でぐるぐる回す。

9 た
じゃんけんをする。

2歳児

おてらのおしょうさん

CD 28

全国的に広く歌い継がれてきたわらべうた。
定番の手遊びは、やっぱり楽しい！

せっ せっ せー の よい よい よい　おてらの おしょうさんが かぼちゃの たねを まきました めが でて ふくらんで はなが さいたら じゃんけん ぽん

あそびかた

2人で向かい合って、手をつないで遊びます。

1 せっせっせーの 
リズムに合わせて、手を上下に3回振る。

2 よい よい よい 
手を交差させて、上下に3回振る。

3 おてらのおしょうさんがかぼちゃのたねをまきました 
片手のひらを上に向け、1拍目は自分の手をたたき、2拍目は相手の手をたたく。これを繰り返す。

4 めがでて 
両手を合わせて芽が出たしぐさをする。

5 ふくらんで 
合わせた両手を膨らませる。

6 はなが さいたら 
両手首をつけたまま、花が咲いたように指を開く。

7 じゃんけん 
両手をグーにして、胸の前でぐるぐる回す。

8 ぽん 
じゃんけんをする。

2歳児

あそびのアレンジ

6の続きを子どもといっしょに考えて遊んでみましょう。「かれちゃって」「忍法使って空飛んで」「スカイツリーにぶつかって」など、子どもの発想で思わぬ続きができておもしろいですよ。

いっぴきちゅう

繰り返し唱えて遊ぶのが楽しいわらべうた。
ちゅうちゅうちゅう……、あれれ、何回目だっけ？

CD 29

いっ	ぴき	ちゅう		もも	とに	かえっ	て	にさん	ひき	ちゅう
にひき	ちゅうちゅう
さんびき	ちゅうちゅうちゅう

歌詞:
- いっぴき ちゅう ももとに かえって にさんびき ちゅうちゅう
- にひき ちゅうちゅう ももとに かえって さんびき ちゅうちゅうちゅう
- さんびき ちゅうちゅうちゅう ももとに かえって いっぴき ちゅう

あそびかた

子どもと向かい合って、子どもの手を持って遊びます。

1 いっぴきちゅう
ひとさし指で子どもの手のひらを軽く2回たたく。

2 もとにかえって
ひとさし指で、手のひらに円を描くように軽く4回たたく。

3 にひきちゅう にひきちゅう
ひとさし指と中指で手のひらを軽く4回たたく。

4 もとにかえって
同じ2本の指で、手のひらに円を描くように軽く4回たたく。

5 さんびきちゅう さんびきちゅう
ひとさし指と中指とくすり指で手のひらを軽く4回たたく。

6 もとにかえって いっぴきちゅう
同じ3本の指で、手のひらに円を描くように軽く4回たたき、1に戻ってから、最後に「おしまい」と言う。

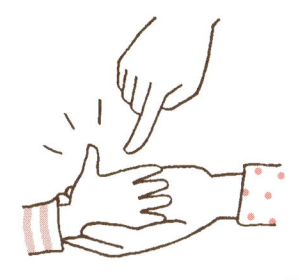

2歳児

あそびのワンポイント

● 何度も繰り返し唱えて遊ぶことができるので、どこかで終わりを決めて、歌の最後に「おしまい」で締めましょう。

1を繰り返す。

もういっかい！

おしまーい

どんぐりころちゃん CD30

子どもたちが大好きなどんぐりをモチーフにした遊び。
どんぐりになったつもりで、しぐさ遊びを楽しみましょう。

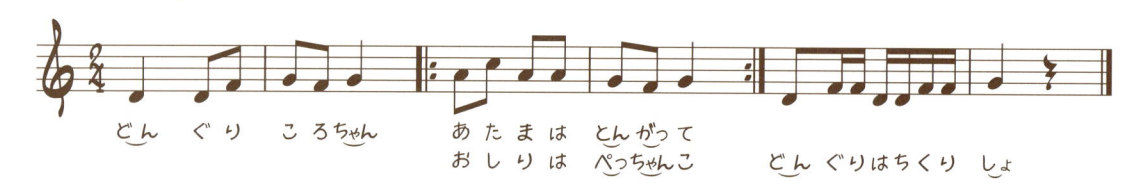

どん ぐり ころちゃん　あたまは とんがって
おしりは ぺっちゃんこ　どんぐりはちくり しょ

あそびかた

1 どんぐりころちゃん
両手でどんぐりの形を作り、左右に振る。

2 あたまは とんがって
手を頭の上に上げる。

3 おしりは ぺっちゃんこ
両手でおしりを4回たたく。

4 どんぐりはちくり
両手の指を組んで、左右に速く振る。

5 しょ
手を肩や頬につける。

あそびのワンポイント

● 最後の「しょ」で片足を上げるしぐさを組み合わせても楽しいですよ。

あそびのアレンジ

あてっこ遊びとしても楽しめます。両手でどんぐりの形を作り、手の中にどんぐりなどを入れて、リズムに合わせて手をひっくり返します。うたい終わったら、どんぐりをすばやく片方の手でにぎり、「どっちだ？」と子どもとあてっこをします。

どっちだ？

2歳児

はやしのなかから

CD 31

ゆかいな歌詞が楽しい、しぐさ遊びのわらべうた。
おばけやとうふ屋さんになりきって遊んじゃおう！

せっ せっ せー の よい よい よい　はやしの なかから おばけが
にょーろにょろ　おばけの あとから とうふやさんが ぷー ぷー　とうふやさんの あとから
こぶたが ぶー ぶー　こぶたの あとから こどもが じゃんけんぽん

あそびかた

2人で向かい合って遊びます。
大人と、複数の子どもで遊ぶこともできます。

1 せっせっせーの

リズムに合わせて、手を上下に3回振る。

2 よい よい よい

手を交差させて、上下に3回振る。

3 はやしの なかから おばけが

片手のひらを上に向け、1拍目は自分の手をたたき、2拍目は相手の手をたたく。これを繰り返す。

4 にょーろ にょろ

両手を前に垂らして、おばけのしぐさをする。

5 おばけの あとから とうふやさんが ぷーぷー

③を繰り返してから、片手を口元に当ててラッパを吹くしぐさをする。

6 とうふやさんの あとから こぶたが ぶーぶー

③を繰り返してから、ひとさし指で鼻の頭を上に向ける。

7 こぶたの あとから こどもが じゃんけんぽん

③を繰り返し、胸の前で手をぐるぐる回してからじゃんけんをする。

2歳児

あそびのアレンジ

☐ いろいろな登場人物を増やして、しぐさ遊びをしてみましょう。

おすもうさんが どすこいどすこい

両手をにぎって、腕を上下に動かす。

おぼうさんが なんまいだー なんまいだー

両手を合わせて、拝むしぐさをする。

おそばやさんが ちりりんちりりん

片手を肩の高さに上げて出前のしぐさをする。

なべなべそこぬけ

CD 32

おなべがぐつぐつ、なにができるかな？
くるっと回って、はい、できあがり！

なべなべそこぬけ
そこがぬけたらかえりましょ

あそびかた

初めは「一人なべ」で遊び、慣れてきたら「二人なべ」で遊びます。

1 なべなべそこぬけ そこがぬけたら

両手を体の前で丸くしておなべを作り、歌に合わせて左右に揺らす。

2 かえりましょ

くるっとその場で1回転する。

あそびのアレンジ

- 2人で向かい合って、手をつないで遊んでみましょう。
子ども同士が難しい場合は、大人と子どもがペアになって遊びます。

1 なべなべそこぬけ そこがぬけたら

つないだ手を大きく左右に振る。

2 かえりましょ

つないだ片方の手を上げ、輪の中を2人でくぐって背中合わせになる。

3 なべなべそこぬけ そこがぬけたら

背中合わせのまま、つないだ手を大きく左右に振る。

4 かえりましょ

つないだ片方の手を上げ、輪の中を2人でくぐって元に戻る。

あそびのワンポイント

- 「煮えたかな？」「煮えたかどうだか食べてみよう」などのかけ合いをすると楽しいですよ。

- アレンジで紹介した遊び方で、大人と子どもで遊ぶときは、大人がひざをついて遊びましょう。

2歳児

さよなら あんころもち CD 33

さよならはちょっとさみしいけれど、
こんな楽しい歌でさよならしたら、明日会えるのがもっと楽しみになります。

さ よ な ら あん こ ろ も ち ま た き な こ

あそびかた　2人で向かい合って、手をつないで遊びます。

1 さよなら　あんころもち　またきな

両手をつないで、歌に合わせて左右に揺らす。

2 こ

揺らしていた手をパッと止めて、お互いの顔を見合う。

2歳児

あそびのワンポイント

「きょうもたのしかったね。」「またあそぼうね」

- 「こ」でお互いの顔を見合うときには、「言葉に出さないけど、また明日ね、と心の中で約束しようね」などと言葉かけしましょう。
- 一日の振り返りに、一人ひとりの手を取ってうたってみましょう。「今日一日楽しく過ごせたかな？」と、その日の保育やその子との関わりを振り返る時間が持てますよ。

あそびのアレンジ

■ 複数の子どもと遊ぶときは、みんなで輪になって手をつなぎ、手を前後に振りながらうたいます。

ぎっこん ばったん

CD 34

ぎっこんばったん、ふねをこいで沖に出るよ。
歌の世界を広げる言葉かけで、遊びもぐっと広がっていきます。

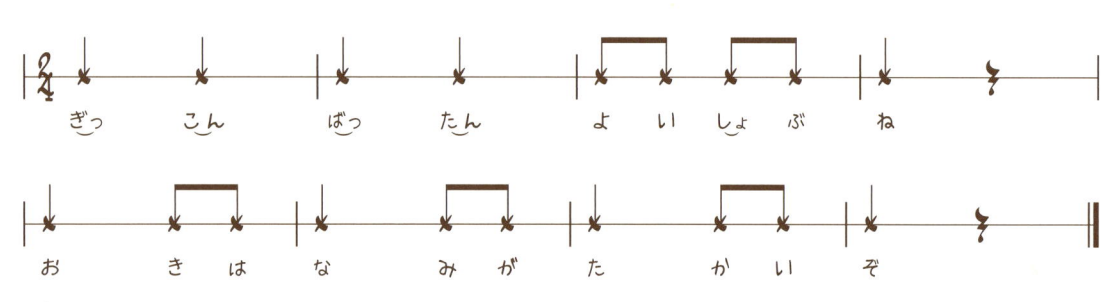

ぎっ こん ばっ たん よい しょ ぶ ね
おきは な な みが た かい ぞ

あそびかた

2人で向かい合って、1人が足を広げ、もう1人がその間に足を入れるようにして座ります。

1 ぎっこん　ばったん　よいしょぶね
　おきは　なみが　たかいぞ

歌に合わせて、つないだ手を交互に引っ張り合う。何度も繰り返しうたって遊ぶ。

あそびのワンポイント

- ひざの後ろをピンと伸ばし、しっかり前屈をして引っ張り合ってみましょう。手足の力が強くなる遊びです。

- 大人が子どもをひざに乗せて、ひざ乗せ遊びとして楽しむこともできます。

- 「ざっぶ〜んと大波がきたよ」「風が吹いてきた！」「大きなお魚が泳いでいるよ」「向こうの島へ行こう！」など、歌の世界を広げるような言葉かけをすることで、子どもたちのイメージがぐっと広がり、遊びも広がっていきます。ごっこ遊びに発展させてもいいですね。

2歳児

おてぶしてぶし

CD 35

へびのなまやけ、かえるのさしみ……。
ちょっとこわい、でもおもしろい。そんな言葉が子どもの心をくすぐります。

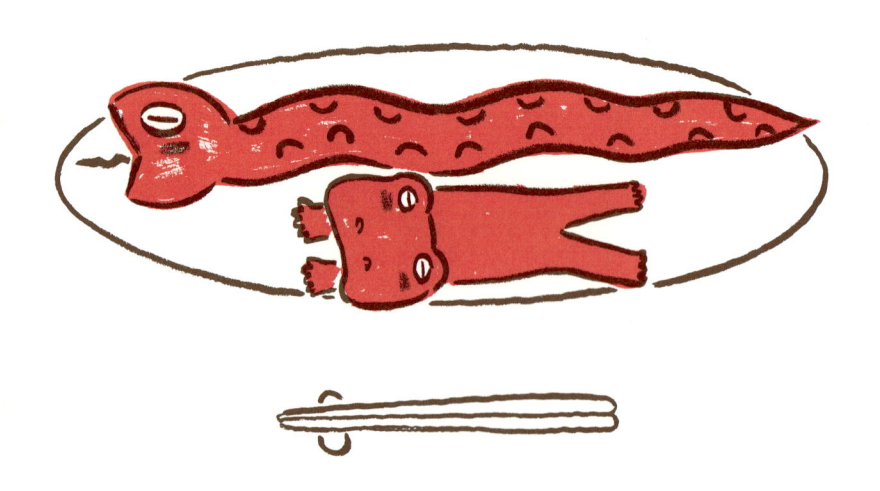

おてぶし てぶし てぶしの なかに へびの なまやけ
かえるの さしみ いっちょばこ やるから まるめて おくれ いーや

あそびかた

唱えて遊んだり、手の中にお手玉などを隠してあてっこをして遊びます。

1　おてぶし　てぶし　てぶしの　なかに
　　へびのなまやけ　かえるのさしみ
　　いっちょばこ　やるから
　　まるめておくれ

2　いーや

お手玉などを両手を合わせた中に入れて、手を振りながらうたう。

手の中の物をすばやく片方の手ににぎり、「どっちだ？」とあてっこをして遊ぶ。

あそびのワンポイント

● 語彙がぐっと増えるこの時期、子どもたちは初めて出会う言葉に興味津々。たくさん唱えてあげることで、言葉への関心も広がり、語彙の多い子に育つでしょう。

● 子どもは聞き慣れない言葉に敏感に反応します。「なんだろう？」といろいろとイマジネーションを膨らませていくのも、楽しい時間です。

うたのエピソード

「てぶし」は「手節」のことで、手や手首という意味です。

2歳児

どっち どっち

CD 36

「えべっさん」は、七福神のえびすさまのこと。
おに決めにもぴったりの唱え歌です。

♪ どっ ち どっ ち え べっ さん え べっ
さん に き い た ら わ か る

あそびかた

子どもは片手をにぎって前に出します。

1 どっち どっち えべっさん
えべっさんに きいたら わかる

歌に合わせ、ひとさし指で子どもの手に順番に触れていく。
リズムをしっかり刻み、速くならないよう注意する。

2 きまり！

1を何度か繰り返し、最後の「わかる」で触れた子に、「○○ちゃんに決まり！」や「○○ちゃんがおに」などと言う。

♪ ねむれねむれねずみのこ CD 37

子守歌ならではのゆったりとしたリズムと、ちょっと切ないメロディー。
うたってもらった記憶は、小さい体と心にちゃんと刻まれます。

2歳児

ね むれね むれ ねずみのこ　うっつけうっつけ うさぎのこ　な くなな くな
なすびのこ　ぼうやがねむった あとからは　う らのや まの やまざるが
いっ ぴきとん だら みなとんだ　そらそらね むれ ね むれよ　そらそらね むれ ね むれよ

※「うっつく」は大分地方の言葉で「うつ伏せ」になる、という意味。赤ちゃんが大人の背中や胸に顔をうずめる様子を表しています。

♪ ねんねんねやま

CD 38

子どもを思う、大人の気持ちがたっぷり込められた子守歌。
あなたの声で、あなたの子守歌を！

ねんねん ねやまの こめやまち こめやの よこちょうを とおるとき
ちゅうちゅう ねずみが ないていた なんのようかと きいたらば
だいこくさまの おつかいに ねんねしたこの おつかいに
ぼうやも はやく ねんねしな だいこくさまへ まいります

2歳児

あそびのワンポイント

●この子守歌は、長野地方（信州）の子守歌です。

日本の子守歌は、ちょっと切ないメロディーのものがたくさんあります。昔は、上の姉が妹や弟をおんぶして子守りをしながらうたったり、奉公先の赤ちゃんのお守りをしながらうたったと聞きます。哀愁を帯びたメロディーは、赤ちゃんを寝かしつける、というよりも、そうした子守りをした人の心情が表れているようです。

子どもに寄り添う大人が心を込めてうたってあげる子守歌は、幼児期の記憶にしっかりと刻まれていくもの。そんなぬくもりたっぷりの子守歌を、ぜひあなたの声でうたってあげてください。

久津摩英子（くづまえいこ）

2000年3月に川崎市の公立保育園を退職後、児童館で親子遊びの指導に携わる。在職中より、保育雑誌への執筆や保育者研修会での講師を務めていたが、2002年春からそれらの活動を本格的に開始。主な著書に『赤ちゃんから遊べる わらべうたあそび55』（チャイルド本社）、『わらべうたあそびのレシピ』（メイト）、『園で人気の手あそびわらべうた』（PHP研究所）がある。
子どもとことば研究会会員、子どもの文化研究所所員。子育て支援センターや保育者研修会でのわらべうたあそびの指導で、全国を精力的に駆け回っている。

- カバー・本文イラスト　とよたかずひこ
- 本文イラスト　石崎伸子　Meriko　とみたみはる
- ブックデザイン　mogmog Inc.
- 楽譜浄書　株式会社クラフトーン
- 音源制作　うた／木佐麻友子　井上美奈子　吉村優希
　　　　　　編曲・カラオケ制作／かずのぶ
　　　　　　ディレクター／坂元勇仁
　　　　　　（ユージンプランニング）
　　　　　　レコーディング／今泉徳人
　　　　　　（日本アコースティックレコーズ）
　　　　　　制作協力／大阪芸術大学
- CD製作　コスモテック株式会社
- 本文校正　有限会社くすのき舎
- 編集　石山哲郎　平山滋子

ふれあいたっぷり！
赤ちゃんの わらべうたあそび
CD BOOK

2013年2月　初版第1刷発行
2022年1月　第12刷発行

著者　久津摩英子
発行人　大橋　潤
発行所　株式会社チャイルド本社
　　　　〒112-8512　東京都文京区小石川 5-24-21
電話　03-3813-2141（営業）　03-3813-9445（編集）
振替　00100-4-38410
印刷・製本　共同印刷株式会社

©Eiko Kuzuma 2013　Printed in Japan
ISBN978-4-8054-0207-8
NDC376　21×19cm　80P

■乱丁・落丁本はお取り替えいたします。
■本書の無断転載、複写複製（コピー）は、
　著作権法上での例外を除き禁じられています。
■本書を代行業者等の第三者に依頼してスキャンやデジタル化することは、
　たとえ個人や家庭内の利用であっても、著作権法上、認められておりません。

チャイルド本社ホームページアドレス
https://www.childbook.co.jp/
チャイルドブックや保育図書の情報が盛りだくさん。
どうぞご利用ください。